Prevención de enfermedades transmisibles en el ámbito de la formación. FCOO10

Mª Teresa Porto Benítez

ic editorial

Prevención de enfermedades transmisibles en el ámbito de la formación. FCOO10
© Mª Teresa Porto Benítez

1ª Edición

© IC Editorial, 2025

Editado por: IC Editorial
c/ Cueva de Viera, 2, Local 3
Centro Negocios CADI
29200 Antequera (Málaga)
Teléfono: 952 70 60 04
Fax: 952 84 55 03
Correo electrónico: iceditorial@iceditorial.com
Internet: www.iceditorial.com

ISBN: 978-84-1184-907-4
Depósito Legal: MA 941-2025

Impresión: PODiPrint
Impreso en Andalucía – España

Nota de la editorial: IC Editorial pertenece a Innovación y Cualificación S. L.

Especialidad formativa

Se entiende por especialidad formativa la agrupación de contenidos, competencias profesionales y especificaciones técnicas que responde a un conjunto de actividades de trabajo enmarcadas en una fase del proceso de producción y con funciones afines.

Las especialidades formativas de Uso General, Formación Complementaria, Formación Modular y las especialidades formativas dirigidas a la obtención de certificados de profesionalidad se incluyen en el Fichero de Especialidades del Servicio Público de Empleo Estatal para su gestión en todo el territorio nacional por cualquier Administración competente.

Las especialidades complementarias, pertenecen todas a la Familia profesional de Formación Complementaria (FCO) y tienen la consideración de formación transversal en áreas que se consideran prioritarias tanto en el marco de la Estrategia Europea para el Empleo y del Sistema Nacional de Empleo como en las directrices establecidas por la Unión Europea. Se consideran áreas prioritarias las relativas a tecnologías de la información y la comunicación, la prevención de riesgos laborales, la sensibilización en medio ambiente, la promoción de la igualdad, la orientación profesional y aquellas otras que se establezcan por la Administración competente.

Las especialidades de Certificado de profesionalidad tienen una duración especificada en su normativa reguladora.

En el resultado de la búsqueda, se muestran las unidades de competencia, todos los módulos formativos con su duración y las unidades formativas del certificado correspondiente, con su duración. Las horas del certificado, exclusivo de las especialidades de certificado de profesionalidad, con alta igual o superior a 2008, son las horas totales más las horas del módulo de Prácticas Profesionales no Laborales.

⊃ **Si la especialidad tiene unidades formativas,** las horas totales, presencial, distancia, teleformación serán igual a la suma de esas horas de las unidades formativas de los distintos módulos, sin que se repita ninguna Unidad formativa.

➲ **Si la especialidad no tiene unidades formativas,** las horas totales, presencial, distancia, teleformación serán igual a las sumas de esas horas de los módulos formativos, eliminando las horas de los módulos repetidos.

https://sede.sepe.gob.es/especialidadesformativas/RXBuscadorEFRED/BusquedaEspecialidades.do

(Fuente: Servicio Público de Empleo Estatal)

Índice

Unidad de aprendizaje 5
Protocolo durante el desarrollo de la formación práctica en centros de trabajo

Glosario

Bibliografía

OBJETIVOS GENERALES

Los objetivos generales del **FCOO10. Prevención de enfermedades transmisibles en el ámbito de la formación profesional para el empleo,** son los siguientes:

- ➲ Aplicar los protocolos que establecen las medidas de higiene, prevención y protección, así como las de distancia interpersonal y de riesgo de coincidencia masiva de personas en el ámbito de la formación profesional para el empleo.
- ➲ Comprender la importancia del protocolo preventivo higiénico-sanitario al ingresar en los centros formativos.
- ➲ Detectar las medidas higiénico-sanitarias, necesarias de aplicación, en cada uno de los espacios del centro formativo.
- ➲ Concienciar sobre la importancia de seguir los protocolos higiénico-sanitarios fuera del centro de formación, reduciendo el riesgo de contagios y protegiendo la salud colectiva.
- ➲ Analizar la importancia de la prevención sanitaria en espacios de formación mediante la identificación de los riesgos de transmisión en entornos educativos y laborales, así como la aplicación de protocolos adecuados para reducir el contagio.
- ➲ Entender la importancia de la seguridad y prevención en el entorno laboral mediante la implantación de medidas y estrategias que contribuyen a minimizar riesgos y garantizar condiciones de trabajo seguras.

Protocolo de llegada al centro de formación

Contenido

Objetivos

El objetivo general de esta Unidad de Aprendizaje es:

→ Comprender la importancia del protocolo preventivo higiénico-sanitario al ingresar en los centros formativos.

Los objetivos específicos de esta Unidad de Aprendizaje son:

→ Detectar la presencia o ausencia de medidas preventivas higiénico-sanitarias en las zonas de mayor riesgo del centro formativo.

→ Aplicar las medidas preventivas higiénico-sanitarias destinadas al ingreso en el centro educativo, conforme a las necesidades de las diferentes zonas.

1. Introducción

Desde la llegada de la COVID-19 a nuestro día a día, se ha hecho patente la necesidad de establecer protocolos, sobre todo preventivos, en aquellos espacios donde el trasiego, las interacciones continuas y el encuentro de personas puede llegar a suponer un problema sanitario.

En el caso de los centros formativos, las actuaciones a tener en cuenta deben ponerse en marcha desde el momento en que se ingresa al centro, donde se implementan acciones preventivas, como la desinfección al acceso, el fomento de hábitos saludables y la aplicación y acatamiento de normas de comportamiento.

Dichas actuaciones tienen el objetivo de garantizar un entorno seguro de aprendizaje, convirtiéndose así en una responsabilidad sanitaria y social que no debe pasar desapercibida para ningún miembro de la comunidad educativa.

Ángel, profesor en el IES Horizonte, fue coordinador COVID en su anterior centro, donde logró reducir los contagios en un 80 % con sus protocolos. Aunque la situación actual no presenta un riesgo evidente, planea implementar medidas de prevención de enfermedades en su nuevo centro. Su objetivo es crear un sistema higiénico-sanitario para cuatro momentos clave: entrada y salida del centro, actividades formativas y centros prácticos. Su experiencia previa respalda la efectividad de estas medidas.

2. Medidas higiénico-sanitarias en el acceso a las instalaciones

 **HILO CONDUCTOR**

Ángel es consciente de que uno de los momentos de mayor importancia es el ingreso al centro formativo. Esta es la primera barrera para la posible transmisión y, generalmente, la más importante.

En un contexto de rápida transmisión de enfermedades infecciosas, como es un centro formativo, el hecho de implementar medidas higiénico-sanitarias rigurosas en el acceso a las instalaciones es esencial para garantizar la seguridad de toda la comunidad educativa.

Entre las más eficaces, se encuentran las siguientes:

Control de acceso y distanciamiento físico
- En periodos de máximo contagio, se recomienda establecer un control de acceso eficiente que evite aglomeraciones. Aquí es altamente eficaz la aplicación de horarios escalonados de entrada y salida, la delimitación de zonas de ingreso y la señalización de distancia mínima de seguridad.

Desinfección de manos y superficies
- El uso de dispensadores de gel hidroalcohólico y el lavado de manos contribuyen enormemente a la reducción del contagio. Junto a ello, las superficies de contacto frecuente, como pomos de puertas y pasamanos, deben desinfectarse periódicamente siguiendo un cronograma de limpieza riguroso.

Uso de mascarillas
- Suele considerarse cuando los contagios aumentan exponencial y rápidamente. Estos repuntes son fácilmente identificables sobre todo en periodos invernales, donde ciertas enfermedades de transmisión aérea hacen su aparición.
- En estos casos, el uso de mascarillas debe hacerse desde el ingreso y durante toda la estancia en el centro.

Educación y comunicación efectiva
- La concienciación de la comunidad educativa es fundamental, y cobra especial importancia la responsabilidad individual a la hora de acudir al centro presentando síntomas.

Adecuación de los espacios
- Para que las medidas sean realmente efectivas es necesario dotar de ciertos medios materiales al centro.

EJEMPLO

En la dotación de infraestructuras se puede contemplar, por ejemplo, la disponibilidad de jabón, papel de uso individual, papeleras con tapa o sistemas de ventilación mecánica que ayuden a mantener la circulación de aire.

3. Disposición y comportamiento en el aula

HILO CONDUCTOR

Las medidas de prevención higiénico-sanitarias deben extrapolarse al resto del centro educativo, en especial al aula, ya que es uno de los lugares donde más tiempo pasan los estudiantes y los docentes.

En el contexto formativo, la disposición en el aula resulta clave para un ambiente seguro. No solo se trata de ser precavidos a la hora de ingresar en el centro, sino que son igualmente importantes las medidas que se tomen dentro del aula.

Para garantizar la seguridad en el aula habrá que contemplar los aspectos siguientes:

- **Disposición de los espacios en el aula y mejora de la ventilación:** el distanciamiento físico y la disposición de los elementos del aula son estrategias clave para prevenir la transmisión de enfermedades, procurando que la distribución de los alumnos garantice la separación mínima recomendada. Si, además, el aula cuenta con un flujo de ventilación adecuado y constantemente renovado, la posibilidad de transmisión será mínima.
- **Comportamiento dentro del aula:** la adquisición de hábitos sencillos, como el lavado frecuente de manos, el uso de gel hidroalcohólico, o cubrir la boca con el codo o un pañuelo al toser o estornudar, tienen un gran efecto positivo en la prevención de transmisión de enfermedades.

- ● **Responsabilidad y colaboración:** el fomento de la corresponsabilidad, dentro de la comunidad educativa, es esencial para evitar contagios masivos. Es fundamental que estudiantes y docentes puedan quedarse en casa ante síntomas sin que eso conlleve consecuencias académicas o laborales, promoviendo así la responsabilidad individual como parte del bienestar colectivo.
- ● **Flexibilidad y reajuste en las medidas adoptadas:** la organización y el comportamiento en el aula deben adaptarse según la evolución de la situación sanitaria. La revisión constante de las medidas y la obtención de *feedback* por parte de diferentes medidores permiten identificar mejoras y asegurar su efectividad.

Al plantear las opciones de ventilación adecuadas para el aula, se debe priorizar la ventilación natural mediante ventanas y puertas abiertas.

4. Precauciones en el uso de zonas comunes

👉 **HILO CONDUCTOR**

Aunque pasen desapercibidas, las zonas comunes de un centro formativo son un terreno bastante favorable para las enfermedades más transmisibles. A Ángel, este dato no le pasa por alto y se dispone a establecer ciertas medidas de precaución en dichas áreas.

Cuando se trata de la prevención de enfermedades transmisibles, las zonas comunes de un centro de formación representan espacios críticos.

Dado su uso frecuente, se requiere la adopción de medidas específicas para garantizar la salud de los usuarios. A continuación, se detallan algunas recomendaciones a este respecto:

- **Aumentar la higiene de manos y mejorar la etiqueta respiratoria:** se recomienda promover el lavado frecuente de manos o el uso de desinfectante. Además, para una etiqueta respiratoria adecuada, es necesario cubrirse al toser o estornudar con un pañuelo desechable o el codo.
- **Uso de mascarilla:** en caso de darse una situación de necesidad, el uso adecuado de mascarillas en espacios cerrados donde no sea posible mantener la distancia es fundamental. Deben cubrir la nariz y la boca y desecharse correctamente.
- **Gestionar el flujo de personas en las zonas comunes:** en los periodos de mayor contagio es imprescindible evitar las aglomeraciones en las zonas comunes y mantener la mayor separación entre personas.
- **Aumentar la frecuencia de limpieza y desinfección de superficies:** la desinfección frecuente de superficies de contacto, como pomos, barandillas y mesas, es esencial. Debe realizarse varias veces al día con productos virucidas y antibacterianos recomendados.
- **Mejorar la ventilación de las zonas comunes:** se ha demostrado, mediante diversos estudios, que el aumento del flujo aéreo evita y retrasa los contagios infecciosos en lugares donde la afluencia de personas es considerable. Por ello, se recomienda abrir ventanas y puertas o instalar sistemas de ventilación que mantengan el flujo aéreo en condiciones óptimas.

APLICACIÓN PRÁCTICA

Al llegar al IES Horizonte, Ángel evalúa visualmente el protocolo de entrada de los alumnos al centro. Observa que su llegada es escalonada, que se utilizan todos los accesos del centro, y que se evita que, en el *hall*, donde se encuentran las taquillas, se produzcan aglomeraciones. Considerando estas acciones, ¿qué tipo de precaución sobre las zonas comunes está observando Ángel?

Continúa en página siguiente >>

<< Viene de página anterior

Solución

El *hall* es la zona de mayor afluencia conjunta y donde más tiempo pasan los alumnos durante la entrada. Por tanto, es la zona que mayor riesgo de aglomeración tiene. Al utilizar diferentes accesos, y hacerlo de forma escalonada, se está evitando que esto ocurra. Estas medidas forman parte de la gestión del flujo de personas.

---

5. Normas de circulación y permanencia dentro de las instalaciones

 HILO CONDUCTOR

Una característica positiva del IES Horizonte es su amplitud. Así que, aprovechando sus múltiples vías de desplazamiento, Ángel quiere integrar en la rutina diaria varias rutas para evitar aglomeraciones.

El establecimiento de normas de circulación y permanencia dentro de las instalaciones educativas es fundamental para reducir el riesgo de contagio de enfermedades.

Son diversas las medidas que pueden aplicarse y que, sin duda alguna, garantizarán la existencia de un entorno más seguro para toda la comunidad educativa.

Aquí podemos destacar las siguientes:

Normas de circulación	Normas de permanencia en el centro
- **Establecimiento de rutas de circulación:** la señalización de recorridos evita aglomeraciones y fomenta el distanciamiento en pasillos y escaleras, reduciendo el contacto innecesario. - **Gestión de los accesos al centro:** la utilización de entradas diferenciadas y el control sanitario en los accesos previenen la concentración masiva de personas. - **Organización de las entradas y salidas de aulas y zonas comunes:** la planificación escalonada de horarios y el uso regulado de espacios compartidos minimizan el riesgo de contagio. De esta forma, se garantiza una circulación fluida y controlada.	- **Mantenimiento de la distancia adecuada:** como medida óptima, hay que contar con una distribución del espacio y del mobiliario que facilite la separación recomendada entre personas. - **Aplicación de normas de higiene y desinfección:** se ha demostrado que la limpieza frecuente de manos y el acceso a gel desinfectante, en su defecto, reducen la propagación de microorganismos. - **Flexibilidad en la asistencia:** la implantación de normas que faciliten la ausencia de los estudiantes y el profesorado en casos de posible contagio puede evitar el auge masivo de contagios dentro del centro. - **Limitación de la permanencia en zonas comunes:** es importante asegurarse de que estudiantes y docentes permanezcan en los lugares que les corresponden, evitando que haya mayor afluencia de personas en un sitio determinado sin motivo alguno.

 TAREA 1

Al analizar la ruta que siguen los estudiantes, una vez que han pasado el *hall* del centro, Ángel se percata de que las medidas previas no tienen utilidad porque se forman grandes aglomeraciones en los pasillos y no se establecen medidas higiénicas en la entrada.

Teniendo en cuenta ambas carencias, que la entrada es escalonada y que para poder llegar a las aulas existen dos vías posibles, indica cuál sería la solución más sencilla de aplicar para prevenir posibles contagios en este momento del día.

6. Resumen

La implementación rigurosa de protocolos sanitarios en los centros de formación resulta esencial para garantizar entornos seguros y prevenir la propagación de enfermedades transmisibles.

La constante afluencia de estudiantes y profesionales en estas instalaciones exige una aplicación disciplinada de normativas higiénico-sanitarias desde el acceso hasta la permanencia en aulas y zonas comunes.

Las medidas adoptadas comienzan en la entrada, donde el control sanitario inicial actúa como una barrera frente a posibles contagios. La desinfección de manos, la medición de temperatura y la limpieza de superficies de alto contacto constituyen acciones esenciales en esta primera fase. Dentro del aula, el diseño del espacio y la ventilación adecuada garantizan un entorno seguro, mientras que el cumplimiento de normas de distanciamiento y el uso de protecciones reducen riesgos. Las zonas comunes, al ser puntos de mayor congregación, requieren estrategias específicas como el uso obligatorio de mascarillas y la delimitación de rutas de circulación.

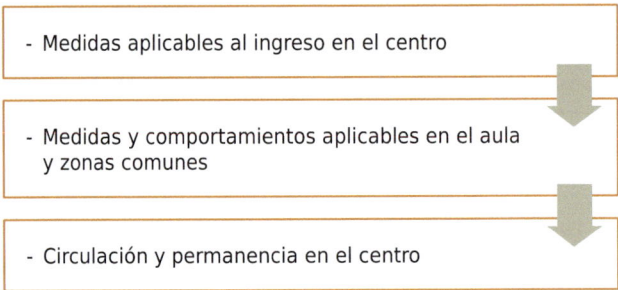

- Medidas aplicables al ingreso en el centro

- Medidas y comportamientos aplicables en el aula y zonas comunes

- Circulación y permanencia en el centro

En este sentido, la implementación de protocolos sanitarios no es solo una medida de seguridad, sino una manifestación del compromiso institucional con la salud y el bienestar de todos los implicados en el ámbito formativo.

Ejercicios de autoevaluación
Unidad de Aprendizaje 1

1. **Determina si la siguiente afirmación es verdadera o falsa: "Al plantear las opciones de ventilación adecuadas para el aula, se debe priorizar la ventilación natural mediante ventanas y puertas abiertas".**

   ■ Verdadero
   ■ Falso

2. **La organización y el comportamiento en el aula ante la prevención de contagio de enfermedades, ¿según qué criterio debe adaptarse?**

   a. Conforme a los hábitos adquiridos por la comunidad educativa.
   b. En función de los medios de que dispone el centro.
   c. Según la evolución de la situación sanitaria.
   d. Dependiendo de la corresponsabilidad que tenga el centro.

3. **¿A qué se hace referencia al hablar de "etiqueta respiratoria adecuada"?**

   a. A utilizar mascarilla.
   b. A respirar con la boca cerrada.
   c. A usar pañuelos de papel.
   d. A cubrirse al toser o estornudar.

4. **Indica qué opciones no pertenecen a las denominadas normas de circulación del centro:**

   a. Mantenimiento de la distancia adecuada.
   b. Gestión de los accesos al centro.
   c. Organización de las entradas y salidas de aulas y zonas comunes.
   d. Limitación de la permanencia en zonas comunes.

5. **Determina si la siguiente afirmación es verdadera o falsa: "La desinfección de las superficies de contacto frecuente solo debe hacerse una vez al día".**

   ■ Verdadero
   ■ Falso

Prevención durante el desarrollo de las sesiones presenciales en los distintos espacios formativos

Contenido

Objetivos

El objetivo general de esta Unidad de Aprendizaje es:

→ Detectar las medidas higiénico-sanitarias, necesarias de aplicación, en cada uno de los espacios del centro formativo.

Los objetivos específicos de esta Unidad de Aprendizaje son:

→ Aplicar con especial cuidado las medidas higiénico-sanitarias de prevención de contagio en talleres y laboratorios.

→ Entender las rutinas higiénico-sanitarias a llevar a cabo durante las sesiones presenciales en el centro formativo.

1. Introducción

La prevención de la transmisión de agentes patógenos en el ámbito formativo ha adquirido en los últimos años gran relevancia, dotando a estas medidas no solo de un aspecto práctico, sino también pedagógico.

Toda la comunidad educativa se ha visto influida por una reeducación en los hábitos higiénico-sanitarios, que han llegado para quedarse totalmente implantados en espacios tan habituales como aulas, talleres y los laboratorios de los centros.

Implementar estas medidas no solo responde a una necesidad sanitaria, sino que fomenta valores esenciales como la corresponsabilidad para con el otro. De este modo, la prevención en los espacios formativos se convierte en un pilar clave para garantizar tanto el conocimiento técnico como el compromiso con la salud pública y el bienestar colectivo.

En este ámbito es en el que se encuentra actualmente inmerso nuestro compañero Ángel. Sus medidas de prevención a la entrada del centro han tenido buena acogida y se están concretando para instaurarlas en diferentes espacios.

2. Aula

👉 HILO CONDUCTOR

Dada la importancia de las aulas en el día a día de un centro formativo, Ángel ha decidido comenzar el protocolo desde aquí. Debe ser minucioso y contemplar todo tipo de actividades.

El aula, como espacio central de cualquier tipo de formación, requiere la aplicación de estrategias preventivas para reducir el riesgo de transmisión de enfermedades.

Para garantizar la seguridad sanitaria en este entorno pueden contemplarse, entre otras, estas medidas:

- **Disposición del aula, distanciamiento físico y ventilación:** la disposición del aula y la ventilación adecuada son fundamentales para reducir la propagación de patógenos. Se recomienda la ventilación natural mediante la apertura de ventanas y puertas o, en su defecto, el uso de sistemas mecánicos. Además, el distanciamiento físico, que requiere la reorganización del mobiliario, garantizará la existencia de suficiente espacio entre los estudiantes, reduciendo en gran medida el riesgo de contagio.
- **Limpieza y desinfección:** la limpieza y desinfección del aula son esenciales para prevenir enfermedades. Es necesario aplicar protocolos diarios, con especial atención a superficies de alto contacto, como mesas, sillas y pomos. El uso de desinfectantes adecuados y la capacitación del personal garantizan la efectividad del proceso. Estas medidas contribuyen a mantener un entorno seguro.
- **Higiene personal y respiratoria:** la higiene personal en el aula debe promoverse mediante el uso de gel hidroalcohólico y el lavado frecuente de manos. Contar con instalaciones adecuadas facilita estas prácticas, especialmente tras el contacto con materiales compartidos. El uso de mascarillas es una medida efectiva para reducir la transmisión de enfermedades respiratorias. Su implementación debe ajustarse a las condiciones epidemiológicas, fomentando una cultura de cuidado comunitario.
- **Educación, sensibilización y corresponsabilidad:** la detección temprana de casos sospechosos es clave para prevenir brotes, y requiere protocolos de identificación y aislamiento inmediato. Igualmente, la flexibilidad académica facilita la prevención sin afectar la calidad educativa. Para ello, es esencial la promoción de metodologías abiertas y del *e-learning*. Reducir encuentros presenciales innecesarios contribuye a minimizar el riesgo de transmisión.

3. Talleres y laboratorios

 HILO CONDUCTOR

Al tratarse de formación profesional para el empleo, hay que considerar que no toda la actividad lectiva se desarrolla dentro de un aula. Los talleres y laboratorios poseen especial relevancia en estos casos, y hay que considerar medidas especiales para ellos.

Los talleres y laboratorios, en la formación profesional para el empleo, permiten desarrollar habilidades y competencias necesarias para que los estudiantes aprovechen su formación de manera óptima.

Dado el contacto y la interacción que implican, resulta fundamental establecer medidas para prevenir enfermedades transmisibles. Por este motivo, exponemos a continuación las estrategias necesarias para garantizar un espacio seguro y saludable:

- **Adaptación al espacio físico:** por lo general, estos espacios son más pequeños que las aulas, por lo que la organización de las jornadas debe priorizar la seguridad mediante una distribución que mantenga la distancia mínima recomendada. Especial importancia cobra la ventilación, ya que, al tratarse de espacios reducidos o que requieren poca entrada de luz, pueden, incluso, carecer de ventanas. En estos casos, habrá que considerar la instalación de sistemas mecánicos.
- **Uso de materiales y equipos de protección:** el uso de **equipos de protección personal** (EPP) es esencial en los talleres y laboratorios, e incluye mascarillas, guantes, gafas o batas, según la actividad. A este respecto, es importante la formación previa en su uso, ya que garantiza la seguridad individual y colectiva. Además, debe establecerse un protocolo para su eliminación segura, con contenedores adecuados para cada uno de ellos y, por supuesto, seguir los protocolos de higiene marcados para el resto de zonas.
- **Procedimientos de limpieza y desinfección:** estos procedimientos cobran aquí especial importancia, dado que gran parte de las herramientas e instrumentos son de uso compartido. Debe implementarse un protocolo riguroso de limpieza y desinfección para herramientas y superficies de trabajo antes y después de cada uso. Antes de estas limpiezas, habrá que considerar que los desinfectantes adecuados no afecten a los materiales ni al funcionamiento de los equipos.
- **Organización de entradas y salidas:** el número de estudiantes por sesión debe ajustarse según el espacio disponible, evitando aglomeraciones y facilitando la movilidad. A este respecto, es interesante la división de grupos en subgrupos más pequeños, para mejorar la supervisión y reducir riesgos.
- **Especial cuidado en el uso de materiales compartidos:** al tratarse de materiales compartidos, las medidas de seguridad deben aumentarse. Como refuerzo, es posible informar a estudiantes y personal sobre las medidas de higiene y desinfección que es necesario aplicar, realizar controles periódicos para verificar el cumplimiento de las norma y adaptar las prácticas según las actualizaciones de las autoridades sanitarias.

 **DEFINICIÓN**

Equipo de protección personal (EPP)
Son elementos que, usados adecuadamente, protegen a las personas de diferentes amenazas, como las enfermedades transmisibles. Los más habituales son: gafas protectoras, mascarillas, guantes o batas.

 APLICACIÓN PRÁCTICA

Al entrar al IES Horizonte, Ángel evalúa visualmente las medidas higiénico-sanitarias del centro. Le llama especialmente la atención la sala de revelado de fotografías de uno de los ciclos de formación profesional. Dados sus requerimientos, no tiene ventilación natural y, allí, se reúne un gran número de alumnos cada día. ¿A qué medida sobre los talleres y laboratorios deberá hacer especial referencia en su proyecto?

Solución

Al tratarse de espacios reducidos y sin ventilación natural, son dos las medidas en las que debe hacerse hincapié. Por un lado, la necesidad de instalar sistemas de ventilación mecánica que permitan un flujo limpio y adecuado de aire. Por otro, el uso de equipos de protección personal, como mascarillas, que filtren los patógenos existentes en el aire.

4. Resumen

Garantizar espacios seguros en la formación profesional es esencial para reducir la transmisión de enfermedades en sesiones presenciales. Si observamos dónde se desarrollan las principales actividades formativas, es impensable no discriminar prácticas higiénico-sanitarias especializadas para zonas como aulas, talleres y laboratorios.

En el aula, se requiere reorganizar el mobiliario y establecer rutinas higiénicas para minimizar riesgos; mientras que en los talleres y laboratorios, por sus características especiales, la prevención incluye la desinfección de herramientas y el uso adecuado de equipos de protección personal, entre otras medidas.

Aula	Talleres y laboratorios
- Disposición del aula, distanciamiento físico y ventilación. - Limpieza y desinfección. - Higiene personal y respiratoria. - Educación, sensibilización y corresponsabilidad.	- Adaptación al espacio físico. - Uso de materiales y equipos de protección. - Procedimientos de limpieza y desinfección. - Organización de entradas y salidas. - Especial cuidado en el uso de materiales compartidos.

Igualmente, en todos estos habitáculos, son necesarios determinados conocimientos y el manejo de herramientas que fortalezcan la prevención en cada contexto, promoviendo un aprendizaje seguro y una cultura de responsabilidad compartida.

Ejercicios de autoevaluación
Unidad de Aprendizaje 2

1. **¿Cuál de estas medidas no es una de las que se contempla en el aula para reducir el riesgo de transmisión de enfermedades?**

   a. La limpieza y desinfección.
   b. La higiene personal y respiratoria.
   c. El cuidado especial con el uso de materiales compartidos.
   d. La educación, sensibilización y corresponsabilidad.

2. **Determina si la siguiente afirmación es verdadera o falsa: "El aula, como espacio central de cualquier tipo de formación, requiere la aplicación de estrategias preventivas para reducir el riesgo de transmisión de enfermedades".**

   ■ Verdadero
   ■ Falso

3. **¿Cuáles de estas medidas poseen matices específicos en el caso de aplicarse en talleres y laboratorios?**

   a. La sensibilización de los participantes.
   b. La organización de entradas y salidas.
   c. El uso de materiales y equipos de protección.
   d. El especial cuidado en el uso de materiales compartidos.

4. **¿Qué medida es la más efectiva para reducir la transmisión de enfermedades respiratorias?**

   a. El uso de gel hidroalcohólico.
   b. Estornudar tapándose la nariz.
   c. El uso de mascarillas.
   d. Toser en un pañuelo de papel.

5. Determina si la siguiente afirmación es verdadera o falsa: "En los centros formativos, las prácticas y medidas de higiene y desinfección se adaptarán según las actualizaciones de las autoridades sanitarias".

- Verdadero
- Falso

Protocolo en la salida del centro de formación

Contenido

Objetivos

El objetivo general de esta Unidad de Aprendizaje es:

→ Concienciar sobre la importancia de seguir los protocolos higiénico-sanitarios fuera del centro de formación, reduciendo el riesgo de contagios y protegiendo la salud colectiva.

Los objetivos específicos de esta Unidad de Aprendizaje son:

→ Entender que las medidas higiénico-sanitaras para prevenir contagios son importantes más allá de las interacciones que se producen en el centro formativo.

→ Fomentar la incorporación de medidas higiénico-sanitarias en la rutina diaria, promoviendo su aplicación como estrategia de prevención de contagios y protección de personas en situación de vulnerabilidad.

1. Introducción

En el contexto actual, la formación profesional debe considerar la prevención de enfermedades no solo dentro del centro de aprendizaje, sino también durante el resto de desplazamientos requeridos para ir o volver de él. Garantizar la seguridad en estos espacios es esencial para la protección individual y colectiva.

Tanto el traslado diario de estudiantes y profesionales como la relación con otros agentes externos en estos momentos y en la llegada a su destino implican múltiples riesgos si no se aplican medidas preventivas. Dado que estos peligros se encuentran fuera del control del centro, dependen de la responsabilidad individual y de las medidas higiénico-sanitarias que tome cada persona.

En este sentido, la formación debe incluir la concienciación sobre la importancia de estas medidas, no solo para evitar el contagio personal, sino para salvaguardar a aquellas personas de nuestro entorno que sean más vulnerables.

Dada esta nueva necesidad detectada, Ángel ha decidido ampliar las medidas de protección más allá del centro. Para ello, se ha propuesto que la concienciación de la comunidad educativa sea un pilar fundamental de su proyecto.

2. Medidas preventivas en los desplazamientos de regreso

 HILO CONDUCTOR

Ángel ha detectado que muchos de los contagios que se están dando durante el invierno se producen fuera del centro. Advierte que su proyecto no está teniendo en cuenta la sensibilización de la comunidad educativa de puertas hacia afuera.

- -

Desde el momento en que los estudiantes comienzan a abandonar el centro formativo, el control que los protocolos higiénico-sanitarios establecidos puede ejercer sobre ellos deja de funcionar en su totalidad.

Para atajarlo, hay que fundamentar las actuaciones realizadas desde la óptica de la sensibilización y la concienciación sobre dos importantes hitos: los desplazamientos y las personas con las que se establecen relaciones fuera del centro.

2.1. Medidas preventivas en los desplazamientos de regreso

La prevención de enfermedades transmisibles durante los desplazamientos de regreso desde un centro de formación profesional requiere un enfoque integral que contemple medidas de organización y comportamiento, tanto individual como colectivo, acorde a los requerimientos preventivos.

Para que las medidas dispuestas sean realmente eficaces, se contemplaran al menos dos momentos críticos sobre los que actuar:

La salida del centro formativo

El acceso y uso de transportes para el desplazamiento

Salida del centro de formación

La salida del centro de formación constituye una fase clave en la aplicación de medidas para la prevención de enfermedades transmisibles. Aunque pueda parecer una etapa sencilla, requiere la misma atención y cuidado que el resto del proceso de prevención sanitaria.

En su transcurso habrá que:

- ⮞ **Organizar y controlar el momento de la salida:** para prevenir la transmisión de enfermedades, la salida del centro de formación debe organizarse de manera escalonada, mediante turnos o franjas horarias, evitando aglomeraciones en pasillos y accesos. Es esencial diseñar un plan que considere el tamaño de los grupos y las distancias a recorrer hasta las salidas.

El control de este momento permite garantizar el cumplimiento de las medidas de prevención. Para ello, el personal responsable debe ubicarse estratégicamente para orientar a los estudiantes, supervisar el distanciamiento físico y el uso adecuado de mascarillas, en su caso. Su identificación debe ser clara para facilitar la asistencia en caso necesario y actuar ante cualquier situación de riesgo.

- **Implementar el uso de elementos personales de protección:** el uso de mascarillas y otros elementos de protección debe mantenerse durante la salida, según la evaluación de riesgos del centro educativo y los requerimientos de la situación sanitaria del momento. Su correcta utilización es responsabilidad de toda la comunidad.

- **Desinfectar y gestionar los residuos:** es fundamental disponer de estaciones de desinfección con gel hidroalcohólico en puntos visibles y accesibles antes de la salida. Junto a esta medida, la gestión adecuada de residuos contribuye a prevenir el contagio por contacto. Para ello, se deben instalar contenedores específicos para mascarillas y otros desechos higiénicos, correctamente señalizados y ubicados cerca de las salidas.

 VÍDEO

La higienización de manos puede realizarse mediante lavado o a través de la desinfección con gel hidroalcohólico, pero, ¿conoces la diferencia? Te la mostramos en este vídeo. Accede desde aquí para verlo.

https://redirectoronline.com/fcoo100301

Acceso a los diferentes transportes

El uso de transportes públicos para desplazarse es una actividad cada vez más habitual en nuestra sociedad. El hecho de querer contribuir a la reducción de emisiones, unido al elevado coste de carburantes y electricidad, ha dado lugar a que estos medios de transportes sean los favoritos, independientemente del rango de edad de los individuos que los usan.

Sin embargo, las características propias de estos medios hacen que se conviertan en un lugar idóneo para la transmisión de enfermedades, ya sea por vía respiratoria o por contacto.

Para minimizar estos riesgos, y proteger a nuestro entorno más vulnerable, es necesario aplicar las siguientes prácticas preventivas:

- **Higiene de manos y respiratoria:** el uso de mascarillas (sobre todo en horas punta) y pañuelos desechables en espacios cerrados, como autobuses y trenes, es fundamental para reducir la propagación de microorganismos, asegurando que cubran nariz y boca en todo momento. Además, se recomienda mantener una adecuada higiene de manos antes y después de utilizar el transporte público, ya sea mediante el lavado con agua y jabón o mediante el uso de gel hidroalcohólico.
- **Distanciamiento físico:** siempre que sea posible, es recomendable mantener una distancia mínima, prudencial, con otros usuarios. Esto contribuye a reducir el riesgo de transmisión. A veces basta con dejar un asiento de separación.
- **Ventilación:** en vehículos con ventanas abatibles, se recomienda mantenerlas abiertas para favorecer la circulación de aire fresco. Igualmente, antes de utilizar un vehículo previamente compartido, resulta conveniente ventilar su interior durante algunos minutos, también en el caso de motocicletas con cabinas cerradas.
- **Limpieza regular de superficies:** es especialmente importante en los medios de transporte público, donde los usuarios necesitan de sujeción constante para poder moverse en su interior. En lo que respecta al resto de vehículos, ya sean compartidos o no, la limpieza frecuente de superficies de contacto (como el volante, palancas, cinturones y los paneles de control) con desinfectantes adecuados contribuye a mantener un ambiente más seguro y libre de gérmenes.
- **Uso de alternativas:** pueden darse diferentes alternativas al transporte público, como por ejemplo el uso de vehículos particulares, bicicletas, patinetes o, incluso, caminar.
  Estos medios de desplazamiento no infieren tanto peligro como los transportes públicos; sin embargo, es igualmente importante que se apliquen las medidas de prevención que sean necesarias en cada caso.

2.2. Precauciones al llegar al destino, una vez se abandona el centro de formación, teniendo en cuenta las personas con las que se contacta

Al llegar a destino, tras abandonar el centro de formación, es esencial evaluar el entorno para identificar vulnerabilidades, y extremar las precauciones hasta que nos aseguremos de que no existe riesgo para nuestro entorno más próximo.

Para ello, bastará con adoptar medidas sencillas, tales como:

➲ Con familiares en riesgo

    ◖ **Sensibilización sobre el riesgo de exposición:** cuando se trata de familiares en situación de riesgo, resulta fundamental evaluar la naturaleza de las enfermedades transmisibles. Estas pueden ser provocadas por virus, bacterias, hongos o parásitos, y su transmisión puede producirse a través del contacto directo, las gotículas respiratorias o superficies contaminadas. Comprender estos factores permite identificar las situaciones con mayor riesgo de exposición.

    ◖ **Evitar interacciones innecesarias:** la estrategia de comunicación es clave para reducir riesgos. Se recomienda evitar el contacto físico en los saludos y optar por gestos sin contacto. Las interacciones deben realizarse en espacios ventilados o al aire libre, reduciendo el tiempo en lugares cerrados. Se sugiere priorizar actividades con alternativas virtuales y reuniones digitales en entornos educativos o laborales. Informarse sobre la situación sanitaria y fomentar el cumplimiento de medidas de seguridad facilita la adaptación responsable de las actividades.

    ◖ **Extremar las medidas de desinfección e higiene:** además de las medidas básicas de desinfección e higiene, en estos casos se recomienda el lavado frecuente de manos con agua y jabón durante al menos 20 s, especialmente tras estar en espacios públicos. Junto a ello, seguir una rutina de ventilación del hogar ayuda a mejorar la circulación del aire y reducir la concentración de agentes infecciosos. Mantener la limpieza de superficies de alto contacto es otro punto a considerar, ya que limita la permanencia de patógenos en el entorno. Finalmente, es conveniente monitorear el estado de salud de miembros del núcleo familiar y, ante síntomas como fiebre o tos persistente, adoptar medidas de autoaislamiento.

⮑ **Con personas a cargo**

⮑ **Sensibilización sobre el riesgo de exposición:** en estos casos, el contagio puede ser mutuo, por lo que la sensibilización debe producirse en todos los sentidos del núcleo familiar.
La sensibilización tiene que implicar la toma de conciencia de que, para mantenerse exentos de contagios, todos los miembros deben cumplir con normas básicas como las aquí expuestas: la desinfección e higiene respiratoria, la ventilación del hogar o el automonitoreo de posibles síntomas, entre otras.

⮑ **Mantener el círculo personal cercano lo más pequeño posible:** los seres humanos somos sociales por naturaleza, pero, ante circunstancias como las que mencionamos, es necesario que mantengamos nuestro círculo social lo más pequeño posible. Familia, compañeros de centro o trabajo y amigos muy cercanos suelen ser más que suficientes para poder llevar un control ante posibles brotes epidemiológicos.

⮑ **Priorizar actividades virtuales o al aire libre:** en situaciones sanitarias no favorables es conveniente priorizar las actividades al aire libre o la presencia virtual u *online,* antes que hacer acto de presencia en reuniones multitudinarias o con posibilidad de aglomeración.

 ## ACTIVIDAD COMPLEMENTARIA

1. La madre de Ángel irá, el próximo domingo, a almorzar a su casa. Desde hace unos días, hay rumores de la existencia de un brote de gripe A en el centro formativo, por lo que tanto Ángel como su familia quieren extremar las precauciones en casa; su madre padece hipertensión y es de edad avanzada.

Para tener más información, consulta este enlace del Ministerio de Sanidad.

https://redirectoronline.com/fcoo100302

¿Qué medidas son aplicables en su caso y cuáles sería necesario añadir?

3. Resumen

En el contexto actual, garantizar la salud en los centros de formación profesional es una prioridad. Sin embargo, dado que la necesidad de prevención no se limita únicamente a estas instalaciones, es necesario que se promuevan medidas que minimicen la exposición a contagios, tanto en los desplazamientos como en los destinos de la comunidad educativa.

El primer aspecto a tener en cuenta es el acceso seguro a los medios de transporte durante los desplazamientos, incorporando prácticas higiénicas y de distanciamiento comprobadas en la prevención de contagios.

El protocolo también enfatiza las precauciones al llegar al destino, promoviendo la responsabilidad compartida en la protección de los más vulnerables y de aquellas personas que se tiene a cargo y que forman parte del núcleo familiar.

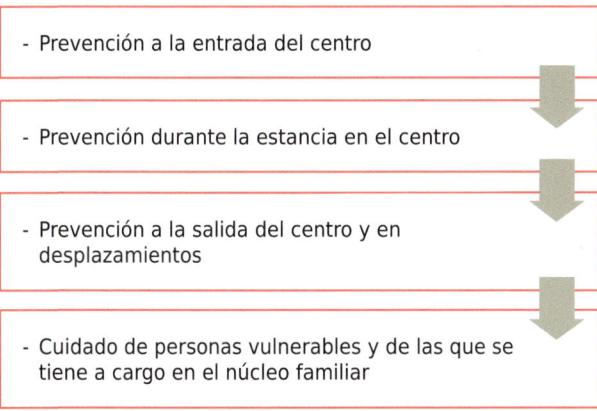

- Prevención a la entrada del centro

- Prevención durante la estancia en el centro

- Prevención a la salida del centro y en desplazamientos

- Cuidado de personas vulnerables y de las que se tiene a cargo en el núcleo familiar

Ejercicios de autoevaluación
Unidad de Aprendizaje 3

1. Determina si la siguiente afirmación es verdadera o falsa: "La concienciación y la distancia social son dos hitos importantes a tener en cuenta en torno a las medidas preventivas en los desplazamientos desde el centro formativo".

   ■ Verdadero
   ■ Falso

2. El plan de organización de las salidas del centro formativo, entre otros, ¿qué aspectos debe considerar?

   a. El tamaño del centro.
   b. El tamaño de los grupos.
   c. La hora de salida.
   d. La distancia a recorrer hasta las salidas.

3. Determina si la siguiente afirmación es verdadera o falsa: "En motocicletas con cabinas cerradas es recomendable que se ventile su interior durante algunos minutos, antes de que suban nuevos ocupantes".

   ■ Verdadero
   ■ Falso

4. Además de las estaciones de desinfección antes de la salida del centro, ¿qué otra medida ayuda a prevenir el contagio por contacto?

   a. El uso de pañuelos desechables.
   b. El uso de mascarillas.
   c. La gestión adecuada de residuos.
   d. La señalización de la distancia de seguridad.

5. ¿Durante cuántos segundos, como mínimo, deben lavarse las manos para que queden desinfectadas?

    a. Durante 10 s

    b. Durante 15 s

    c. Durante 20 s

    d. Durante 25 s

Protocolo preventivo de entrada y salida en los centros de trabajo donde se desarrolla la formación práctica

Contenido

Objetivos

El objetivo general de esta Unidad de Aprendizaje es:

→ Analizar la importancia de la prevención sanitaria en espacios de formación mediante la identificación de los riesgos de transmisión en entornos educativos y laborales, así como la aplicación de protocolos adecuados para reducir el contagio.

Los objetivos específicos de esta Unidad de Aprendizaje son:

→ Comprender el impacto, dentro y fuera de los centros formativos y laborales, de la implementación de medidas higiénicas en la prevención colectiva y en la salvaguarda de miembros vulnerables de la comunidad.

→ Evaluar la gestión de espacios comunes como estrategia de control epidemiológico, induciendo a la aplicación de normas higiénico-sanitarias y a la responsabilidad individual y colectiva en centros de formación.

1. Introducción

La transmisión de enfermedades en la sociedad actual exige la redefinición de las interacciones en espacios compartidos, especialmente en entornos laborales y educativos.

La implementación de protocolos preventivos en centros de formación práctica permite reducir el riesgo de contagio en áreas con alta concurrencia de personas. Así, la integración de medidas higiénicas desde el ingreso hasta la salida no solo protege a estudiantes, trabajadores y formadores, sino que también fortalece la prevención colectiva mediante la educación sanitaria y la adopción de hábitos preventivos.

Los espacios comunes y de circulación dentro de las instalaciones representan puntos críticos de transmisión, por lo que su gestión adecuada es fundamental. La aplicación de normas claras y la difusión de buenas prácticas garantizan condiciones seguras en su uso.

Cada etapa de la permanencia en un centro de formación requiere medidas específicas para reducir la exposición al contagio en todos los ámbitos relacionados con la actividad formativa. Más allá de la comunicación de las normas, es necesario fomentar la interiorización de estos hábitos como parte de una cultura de responsabilidad individual y colectiva. La implementación rigurosa de estos protocolos no solo fortalece la seguridad en la formación profesional, sino que también garantiza entornos saludables y accesibles para todos.

Por este motivo, Ángel se ha visto obligado a contemplar la actividad en los centros de trabajo donde se realizan las prácticas y, por supuesto, a diseñar un programa de prevención en paralelo al del IES Horizonte.

2. Medidas higiénico-sanitarias en el acceso

 **HILO CONDUCTOR**

El acceso al centro de trabajo es uno de los momentos cruciales para la prevención de contagios. En el diseño de Ángel, deben establecerse medidas físicas, higiénico-sanitarias y de comunicación.

El control sanitario en el acceso a los centros de trabajo donde se desarrolla formación práctica permite reducir el riesgo de transmisión de enfermedades.

La adopción de medidas preventivas en este punto de entrada es clave para garantizar un entorno seguro para estudiantes, personal y visitantes.

A continuación, se detallan las prácticas recomendadas para un acceso seguro:

- **Control de síntomas y registro de entrada:** en situaciones sanitarias que así lo requieran, se recomienda la verificación del estado de salud mediante control de temperatura y revisión de síntomas antes del ingreso. La implementación de registros digitales facilita la trazabilidad y el seguimiento en caso de detectar casos positivos.
- **Estaciones de desinfección:** la instalación de dispensadores de solución hidroalcohólica en accesos y puntos estratégicos fomenta la higiene de manos y reduce la transmisión de patógenos por contacto con superficies.
- **Uso de equipos de protección individual (EPI):** en función del nivel de riesgo, el acceso puede requerir el uso de mascarillas, guantes o protectores faciales, garantizando su correcta utilización y recambio periódico.
- **Desinfección de superficies:** la limpieza frecuente de pomos de puertas, mostradores y áreas de trabajo disminuye el riesgo de contaminación por contacto.
- **Control de aforo y señalización:** la regulación del flujo de ingreso mediante señalización y mecanismos de control de aforo evita aglomeraciones en los accesos.
- **Ventilación adecuada:** la renovación del aire mediante ventilación natural o sistemas mecánicos es fundamental para reducir la concentración de microorganismos en espacios cerrados.
- **Sensibilización:** la capacitación periódica en medidas higiénico-sanitarias y la difusión clara de normativas garantizan su aplicación efectiva.

 SABÍAS QUE...

Los sistemas de ventilación de flujo simple funcionan mediante un extractor que elimina el aire contaminado del espacio y lo expulsa al exterior a través de conductos. Los sistemas de doble flujo no solo extraen el aire viciado e introducen aire de renovación, sino que también someten el aire de entrada a distintos tratamientos para mejorar su calidad.

3. Precauciones en el uso de zonas comunes

☞ HILO CONDUCTOR

El uso de las zonas comunes suele dar lugar a que existan momentos distendidos donde pueden pasarse por alto las normas de prevención. La sensibilización, en este caso, es de vital importancia para el desarrollo del protocolo.

- -

Las zonas comunes en los centros de formación práctica, como vestuarios, cafeterías y salas de descanso, presentan un alto riesgo de transmisión de enfermedades debido al contacto frecuente entre personas. Para reducir este riesgo, se establecen las siguientes directrices:

- ⮑ **Organización del espacio y control de aforos:** la distribución del mobiliario y la regulación del acceso mediante horarios escalonados permiten mantener la distancia de seguridad y evitar concentraciones de personas.
- ⮑ **Limpieza y desinfección:** la aplicación de protocolos de limpieza frecuente en superficies de contacto habitual minimiza la acumulación de microorganismos.
- ⮑ **Disponibilidad de gel hidroalcohólico y EPI:** la instalación de dispensadores de solución desinfectante en zonas comunes y el acceso a equipos de protección individual favorecen el cumplimiento de medidas sanitarias.
- ⮑ **Ventilación adecuada:** la apertura de ventanas y puertas, o el uso de sistemas de ventilación mecánica, contribuye a reducir la presencia de agentes patógenos en el ambiente.
- ⮑ **Comunicación y formación continua:** la difusión de normativas mediante cartelería, anuncios o medios digitales garantiza la correcta aplicación de las medidas higiénico sanitarias por parte de todos los usuarios.
- ⮑ **Establecimiento de equipos de respuesta rápida:** la conformación de grupos responsables de la supervisión y gestión de incidentes permite actuar con rapidez ante cualquier riesgo sanitario.
- ⮑ **Fomento del uso responsable de instalaciones:** la definición de normas sobre tiempos de permanencia y el incentivo de conductas responsables refuerzan el cumplimiento de las medidas preventivas.

4. Normas de circulación y permanencia dentro de las instalaciones

☞ **HILO CONDUCTOR**

Entre los momentos críticos respecto a contagios en los centros de trabajo se encuentran los pasos de unas zonas a otras. Por ello, Ángel se está centrando en el establecimiento de rutas y medidas para prevenir aglomeraciones.

El establecimiento de normas para la circulación y permanencia dentro del centro de formación permite gestionar el riesgo sanitario de manera efectiva.

Entre las principales medidas se encuentran:

- **Rutas de circulación predefinidas:** la delimitación de trayectorias mediante señalización facilita el tránsito ordenado y minimiza contactos innecesarios.
- **Sentido único de circulación:** en espacios reducidos o de alta concurrencia, el establecimiento de sentidos únicos favorece la fluidez del movimiento y reduce el contacto cara a cara.
- **Control de afluencia:** la regulación del número de personas en diferentes áreas evita la sobreocupación y permite mantener el distanciamiento recomendado.
- **Uso de elementos de protección personal:** en caso necesario, el uso de mascarillas y otros elementos de protección minimiza el riesgo de contagio.
- **Regulación del tiempo de permanencia:** la delimitación de tiempos máximos en salas de espera, comedores y zonas de descanso permite un uso equitativo y seguro de los espacios.
- **Aprovechamiento de espacios al aire libre:** la realización de actividades formativas en espacios abiertos reduce el riesgo de transmisión y mejora el bienestar general.
- **Puntos de higiene descentralizados:** la disponibilidad de dispensadores de gel desinfectante y contenedores para residuos sanitarios facilita el cumplimiento de medidas higiénicas.
- **Limpieza continua de superficies:** la desinfección periódica de barandillas, pomos y mesas, entre otras superficies, reduce la acumulación de microorganismos.
- **Capacitación y sensibilización:** la formación periódica en medidas de prevención garantiza su adopción como hábitos permanentes.

⊃ **Monitorización y evaluación de protocolos:** la revisión continua de las medidas permite adaptarlas a nuevas circunstancias y mejorar su efectividad.

 **VÍDEO**

Comprueba en este vídeo cómo utilizar la lejía de manera efectiva para eliminar patógenos. Accede desde aquí.

https://redirectoronline.com/fcoo100401

5. Medidas higiénico-sanitarias a la salida del centro

 **HILO CONDUCTOR**

La implementación de medidas higiénico-sanitarias a la salida del centro de trabajo supone la barrera principal que evita la expansión de los posibles patógenos a otras áreas y personas cercanas. Su importancia es tal que Ángel dedica toda una parte del plan a detallar las acciones a ejecutar.

Las medidas higiénico-sanitarias al salir del centro de formación resultan fundamentales para prevenir la propagación de enfermedades transmisibles en el entorno laboral. Estas acciones permiten extender la seguridad sanitaria más allá del recinto, minimizando riesgos y contribuyendo al bienestar de la comunidad.

Entre las principales recomendaciones se encuentran:

- **Higiene de manos y superficies:** lavado de manos antes y después de tocar superficies de contacto frecuente, junto con la disposición de dispensadores de soluciones hidroalcohólicas en áreas cercanas a las salidas.
- **Uso y eliminación de desechos higiénicos:** el uso adecuado de mascarillas o protectores faciales durante la permanencia en el centro reduce la carga viral y evita la transmisión de agentes infecciosos. Para su correcta eliminación, deben disponerse contenedores específicos a la salida.
- **Medidas para evitar aglomeraciones:** la planificación de una salida escalonada favorece el distanciamiento físico y reduce la concentración de personas en espacios comunes.
- **Desinfección y gestión segura de objetos y espacios:** la limpieza de teléfonos móviles y dispositivos electrónicos, así como la gestión segura de vestuarios mediante limpieza periódica y control de aforo, contribuye a minimizar los riesgos de transmisión.
- **Extensión de medidas fuera del centro:** es recomendable optar por medios de transporte no masivos y, en caso de utilizar transporte compartido, mantener el distanciamiento y el uso de mascarilla. La autoevaluación de síntomas permite detectar posibles casos de manera temprana y adoptar medidas oportunas.
- **Compromiso con la seguridad colectiva:** el cumplimiento de estas directrices protege la salud individual y refuerza la seguridad de toda la comunidad.

Los contagios por contacto se producen, principalmente, por tocar superficies con patógenos en las manos y que, posteriormente, alguien realice la misma acción.

APLICACIÓN PRÁCTICA

Ángel abandona el centro de prácticas después de haber estado dentro del taller. Antes de salir, ha desinfectado los utensilios utilizados, se ha lavado las manos y se ha quitado la mascarilla que estaba usando. La lleva en la mano hasta poder tirarla en el contenedor que se encuentra a la salida del centro. Por último, se dispone a coger el autobús con una mascarilla nueva. ¿Crees que ha faltado algún paso intermedio?

Solución

Sí. Dejar la ventana del taller abierta y limpiarse las manos después de desechar la mascarilla usada y antes de ponerse la limpia. Al abrir la ventana, Ángel hace que el taller renueve el flujo de aire, evitando así el contagio por vía respiratoria. Igualmente, si al quitarse la mascarilla usada (probablemente con patógenos), no se desinfecta las manos, estará propagando los patógenos a través del contacto. Además, la nueva mascarilla será inservible, al habérsela puesto sin tener las manos limpias.

---

6. Medidas higiénico-sanitarias a la llegada al destino

HILO CONDUCTOR

Los protocolos establecidos por Ángel deben incluir desde la salida del centro hasta la llegada a destino de los miembros de la comunidad educativa, ya que, si existen descuidos en estos momentos, la transmisión de enfermedades puede llegar a estar descontrolada.

Al llegar al destino, ya sea tras un desplazamiento diario o un viaje de mayor duración, la implementación de medidas higiénico-sanitarias resulta crucial para prevenir la introducción y propagación de enfermedades en los espacios de formación o trabajo.

Lavado y desinfección de manos
- Al llegar al destino, es fundamental lavar las manos con agua y jabón durante al menos 20 segundos. En caso de no disponer de estos recursos, se recomienda el uso de desinfectante con al menos 60 % de alcohol.

Distanciamiento físico
- Mantener una distancia mínima de 1,5 m reduce la exposición a partículas infecciosas en espacios compartidos.

Desinfección de objetos personales
- Dispositivos electrónicos, llaves y otros elementos de uso frecuente deben ser desinfectados antes de su empleo en el destino.

Gestión de residuos
- Los materiales de un solo uso, como mascarillas o pañuelos, deben desecharse en contenedores específicos para evitar riesgos sanitarios. Posteriormente, habrá que desinfectarse de nuevo las manos.

Ventilación del espacio
- Mantener una adecuada circulación de aire en los espacios cerrados contribuye a reducir la concentración de patógenos en el ambiente.

7. Prevención de transmisión entre los contactos del entorno del alumnado

👉 **HILO CONDUCTOR**

En condiciones normales, basta con que los alumnos tengan ciertas rutinas higiénico-sanitarias para que la propagación bidireccional no ocurra. Sin embargo, dada su experiencia personal, Ángel tiene que contemplar qué ocurre también cuando hay personas vulnerables a nuestro alrededor.

La prevención de la transmisión de enfermedades en el entorno del alumnado resulta fundamental en los espacios de formación profesional. La interacción frecuente entre estudiantes y docentes aumenta el riesgo de contagio, por lo que es necesario aplicar las siguientes estrategias integrales antes, durante y después de la estancia en el centro:

- **Fomento de un entorno de higiene:** la educación sobre lavado de manos, etiqueta respiratoria y uso correcto de mascarillas es clave en la prevención.
- **Diseño de espacios y distanciamiento físico:** la distribución del mobiliario debe garantizar el distanciamiento recomendado. Siempre que sea posible, se deben priorizar actividades en exteriores.
- **Limpieza y desinfección:** la desinfección regular de superficies de alto contacto, como escritorios y teclados, minimiza la transmisión de patógenos.
- **Uso de equipos de protección personal (EPP):** el empleo adecuado de mascarillas y otros elementos de protección contribuye a reducir la exposición a agentes infecciosos.
- **Sensibilización y formación continua:** la implementación de programas educativos fortalece la cultura de prevención y promueve el cumplimiento de las medidas establecidas.
- **Vigilancia y respuesta ante síntomas:** la detección temprana de casos permite aplicar medidas oportunas, como aislamiento y comunicación con servicios de salud pública.
- **Participación de la comunidad educativa:** La colaboración entre estudiantes, docentes y personal administrativo resulta esencial para consolidar estrategias preventivas efectivas.

8. Resumen

En el contexto de la formación profesional para el empleo, la aplicación de protocolos preventivos resulta fundamental para garantizar un entorno seguro. Las dinámicas de aprendizaje práctico requieren espacios adecuados que minimicen los riesgos de transmisión de enfermedades.

El protocolo de entrada y salida en los centros de formación permite establecer controles en puntos críticos de circulación, evitando la propagación de patógenos. A su vez, la gestión de zonas comunes y la implementación de medidas de higiene refuerzan la seguridad sanitaria durante la permanencia en las instalaciones.

El cumplimiento de estas medidas debe trascender el ámbito educativo, asegurando su aplicación en los desplazamientos y destinos posteriores. La prevención de la transmisión en el entorno del alumnado es otro aspecto clave, ya que contribuye a reducir riesgos en la comunidad educativa y profesional.

Este protocolo no solo establece directrices efectivas de protección, sino que constituye un modelo adaptable a distintos entornos formativos. Su mejora continua a partir de la experiencia permitirá fortalecer las estrategias preventivas y garantizar la seguridad en los espacios de aprendizaje y trabajo.

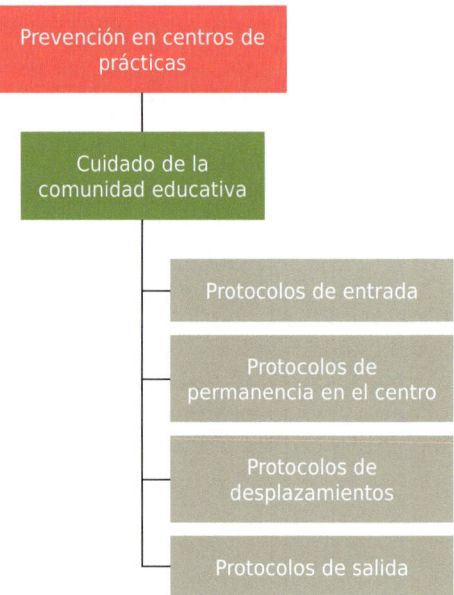

Ejercicios de autoevaluación
Unidad de Aprendizaje 4

1. Determina si la siguiente afirmación es verdadera o falsa: "Los sistemas de ventilación de flujo simple someten el aire de entrada a distintos tratamientos para mejorar su calidad".

   ■ Verdadero
   ■ Falso

2. ¿A qué se hace referencia al hablar de EPI?

   a. Estudios profesionales individuales
   b. Equipos personales individuales
   c. Estudios de protección individual
   d. Equipos de protección individual

3. Considerando las medidas higiénico-sanitarias a realizar al salir del centro de prácticas, ¿de cuál de estas categorías forma parte la desinfección del móvil?

   a. Higiene de manos y superficies
   b. Desinfección y gestión segura de objetos y espacios
   c. Extensión de medidas fuera del centro
   d. Compromiso con la seguridad colectiva

4. ¿Cuál es la distancia mínima recomendada entre personas?

   a. 1 m
   b. 1,5 m
   c. 2 m
   d. No hay una distancia concreta recomendada.

5. ¿Cuáles de estas medidas forman parte de la prevención de transmisión entre los contactos del entorno del alumnado?

   a. La ventilación del espacio.
   b. El diseño de espacios y distanciamiento físico.
   c. La vigilancia y respuesta ante un síntoma.
   d. La gestión de residuos.

Protocolo durante el desarrollo de la formación práctica en centros de trabajo

Contenido

Objetivos

El objetivo general de esta Unidad de Aprendizaje es:

→ Valorar la importancia de la seguridad y prevención en el entorno laboral mediante la implantación de medidas y estrategias que contribuyen a minimizar riesgos y garantizar condiciones de trabajo seguras.

El objetivo específico de esta Unidad de Aprendizaje es:

→ Identificar las estrategias clave para la prevención de enfermedades y lesiones en el ámbito laboral, incluyendo el uso de equipos de protección, la higiene adecuada y la evaluación constante de instalaciones.

1. Introducción

El entorno laboral contemporáneo exige no solo la ejecución de tareas, sino también la implementación de medidas que garanticen la seguridad y el bienestar de todas las personas involucradas. En este campo, la irrupción de algunas enfermedades transmisibles ha evidenciado la necesidad de protocolos estrictos que minimicen riesgos y aseguren condiciones laborales seguras.

El desarrollo de una cultura de prevención es clave para mitigar lesiones y la propagación de enfermedades. Estrategias como el uso de equipos de protección, la higiene adecuada y la ventilación de espacios no solo cumplen con normativas, sino que protegen la integridad del personal.

De este modo, la aplicación de protocolos preventivos debe asumirse como una responsabilidad compartida, y es en ello en lo que Ángel quiere hacer hincapié al realizar el protocolo propio para los periodos de formación en centros de trabajo.

2. Riesgos en el entorno laboral

👉 **HILO CONDUCTOR**

Antes de que comiencen la formación en centros de trabajo, Ángel quiere que los alumnos sean conscientes de los riesgos que pueden correr si se exponen sin ningún control a diferentes patógenos y qué situaciones pueden propiciarlos. Su protocolo incluirá varios puntos específicos con este fin.

En el contexto de la formación práctica, la identificación y gestión de riesgos resulta esencial para prevenir incidentes que puedan afectar la salud de estudiantes y empleados. El entorno laboral puede representar un foco de peligros, en especial en lo referente a la transmisión de enfermedades. Para ello, es fundamental conocer estos riesgos y adoptar las medidas necesarias para minimizarlos.

Los principales factores de riesgo incluyen:

- **Transmisión por contacto directo:** se produce al interactuar con personas infectadas.
- **Transmisión por contacto indirecto:** ocurre a través de superficies contaminadas, como teclados, escritorios y herramientas de trabajo.
- **Transmisión aérea:** actividades como hablar o gritar pueden propagar gotículas respiratorias.
- **Ventilación deficiente:** la acumulación de contaminantes en espacios cerrados sin una ventilación adecuada incrementa el riesgo de transmisión.
- **Manejo inadecuado de residuos peligrosos:** el desecho incorrecto de residuos higiénicos y personales puede propiciar la proliferación de agentes patógenos.
- **Insuficiente limpieza de herramientas y superficies:** si tras el uso compartido de superficies e instrumentos de trabajo, no se lleva a cabo la desinfección correspondiente, el contagio por contacto es muy posible.

 **RECUERDA**

La transmisión de enfermedades puede producirse por contacto directo, indirecto o por transmisión aérea.

3. Protocolo preventivo ante el riesgo de contagio interpersonal

 **HILO CONDUCTOR**

Una vez conocidos los factores de riesgos a los que pueden enfrentarse en su nuevo centro, Ángel propone a sus alumnos la aplicación de un nuevo protocolo preventivo.

El contacto frecuente entre personas en un entorno laboral puede incrementar la transmisión de enfermedades infecciosas. Por ello, se requiere la aplicación de protocolos preventivos que incluyan:

- **Consulta de salud inicial y continua:** aplicación de cuestionarios de salud para detectar posibles riesgos.
- **Educación y sensibilización:** información sobre vías de transmisión y medidas preventivas.
- **Medidas de higiene estrictas:** disponibilidad de desinfectantes y desinfección frecuente de superficies.
- **Espaciado y control del aforo:** reducción de la cantidad de personas que se encuentran, simultáneamente, en espacios compartidos.
- **Uso de equipos de protección personal** (EPP): implementación obligatoria del uso de mascarillas y otros elementos de protección según el contexto.
- **Ventilación adecuada:** garantía de renovación constante del aire en espacios cerrados.
- **Monitoreo y seguimiento activo:** implementación de sistemas para el control de síntomas y rastreo de contactos.
- **Gestión de situaciones de emergencia:** implica el desarrollo y ejecución de planes de acción para el manejo de casos positivos.
- **Reevaluación y actualización del protocolo:** ajustes periódicos según la evolución de la situación epidemiológica y la situación sanitaria oficial.

4. Protocolo preventivo en la relación con las instalaciones del entorno laboral

 HILO CONDUCTOR

La prevención de enfermedades durante el desarrollo de la formación no solo depende de las medidas de precaución que cada individuo tome, sino que también depende de que las instalaciones sean seguras y adecuadas. Por ello, el protocolo de Ángel incluye instrucciones para que sus alumnos sean capaces de evaluar de forma crítica y constructiva sus centros de trabajo.

La evaluación de las condiciones en las que se trabaja es necesaria para asegurar un entorno seguro.

El protocolo de prevención, a este respecto, debe contemplar al menos:

Condiciones del espacio de trabajo
- Para reducir los riesgos de transmisión, es necesario evaluar y optimizar las condiciones del entorno laboral. Una ventilación adecuada permite la renovación del aire, mientras que la redistribución del mobiliario facilita el mantenimiento de distancias físicas. Además, la eliminación de superficies que puedan facilitar la propagación de patógenos contribuye a minimizar riesgos.

Protocolo de limpieza y desinfección
- Un protocolo preventivo efectivo debe incluir la limpieza y desinfección regular, con especial atención a áreas de alto contacto, empleando productos aprobados para la eliminación de virus y bacterias. Asimismo, la capacitación del personal de mantenimiento resulta esencial para garantizar el uso adecuado de desinfectantes y equipos de protección.

Medidas preventivas para minimizar riesgos
- Además de la limpieza, es recomendable implementar estrategias adicionales, como los controles de acceso para evitar aglomeraciones. La disposición de estaciones de higiene en puntos clave y la instalación de barreras físicas en zonas de interacción frecuente también contribuyen a reducir la propagación de enfermedades.

Monitoreo y mejora continua
- La efectividad de las medidas depende de su constante revisión y ajuste. Para ello, es fundamental realizar auditorías periódicas que evalúen la implementación del protocolo y fomentar la retroalimentación del personal, permitiendo la identificación de áreas de mejora.

 TAREA 2

Identificar las estrategias clave para la prevención de enfermedades y lesiones en el ámbito laboral, incluyendo el uso de equipos de protección, la higiene adecuada y la evaluación constante de instalaciones.

Una de las alumnas de Ángel, Elena, acude a un centro de prácticas en el que se ha detectado, recientemente, un aumento en la incidencia de varias enfermedades

Continúa en página siguiente >>

<< *Viene de página anterior*

respiratorias. Ante esta situación, la dirección del centro decidió reforzar las medidas preventivas para minimizar los riesgos de contagio y garantizar un ambiente seguro.

Durante dicha evaluación, se detectaron las siguientes carencias:

- Falta de ventilación adecuada en algunas aulas.
- Espacios reducidos que dificultaban el mantenimiento de la distancia física.
- Superficies de alto contacto sin protocolos de limpieza regular.
- Ausencia de estaciones de higiene en las áreas comunes.

¿Qué protocolo crees que podrían seguir para minimizar los contagios?

----

5. Resumen

La formación práctica en centros de trabajo permite aplicar los conocimientos teóricos en entornos reales, aunque conlleva desafíos en materia de salud y seguridad, y la prevención de enfermedades transmisibles se ha convertido en un aspecto prioritario, dada su relevancia en el contexto laboral actual.

Para garantizar un entorno seguro, es necesario identificar los riesgos presentes, que pueden incluir desde accidentes físicos hasta la transmisión de agentes patógenos, y establecer protocolos de seguridad adecuados.

Uno de los aspectos clave en esta unidad de aprendizaje es la implementación de medidas preventivas para minimizar el riesgo de contagio interpersonal. La interacción entre personas es inevitable en el ámbito laboral; sin embargo, es posible organizarla de manera que se reduzcan las posibilidades de transmisión. Para ello, se requiere una adecuada comunicación de las mejores prácticas y una infraestructura que garantice condiciones higiénicas óptimas.

Así, la aplicación de acciones preventivas concretas permitirá que la formación práctica cumpla sus objetivos educativos de manera segura y responsable, contribuyendo a generar entornos laborales más protegidos y más conscientes de la importancia de los protocolos.

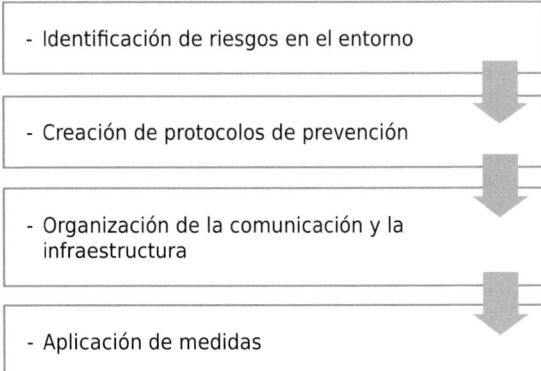

Ejercicios de autoevaluación
Unidad de Aprendizaje 5

1. Determina si la siguiente afirmación es verdadera o falsa: "La transmisión de enfermedades puede producirse por contacto directo, indirecto o por transmisión aérea".

   ■ Verdadero
   ■ Falso

2. Determina si la siguiente afirmación es verdadera o falsa: "El contacto frecuente entre personas en un entorno laboral puede incrementar la transmisión de enfermedades infecciosas".

   ■ Verdadero
   ■ Falso

3. ¿Cuál de las siguientes situaciones puede favorecer la transmisión por contacto indirecto?

   a. Interactuar con personas infectadas.
   b. Hablar o gritar en espacios cerrados.
   c. Usar herramientas contaminadas sin desinfección.
   d. Falta de ventilación adecuada

4. ¿Cuáles de las siguientes medidas contribuyen directamente a la prevención de la transmisión en espacios cerrados?

   a. Educación y sensibilización
   b. Uso de equipos de protección personal (EPP)
   c. Evaluación sanitaria individual
   d. Ventilación adecuada

5. ¿Qué medida contribuye directamente a reducir los riesgos de transmisión en el entorno laboral?

   a. La capacitación del personal de mantenimiento
   b. La redistribución del mobiliario para mantener la distancia
   c. La instalación de estaciones de higiene
   d. La realización de auditorías periódicas

Glosario

Concienciación
Proceso mediante el cual se genera conciencia sobre un riesgo o situación, promoviendo actitudes y comportamientos responsables.

Contagio
Transmisión de una enfermedad de una persona o animal a otra, ya sea por contacto directo o indirecto.

Control de aforo
Regulación del número de personas permitidas en un espacio determinado para garantizar la seguridad y el cumplimiento de normas sanitarias.

Cultura de prevención
Conjunto de valores, actitudes y prácticas orientadas a evitar riesgos y promover la seguridad y la salud en diferentes ámbitos.

Desinfección
Proceso de eliminación de microorganismos patógenos en superficies, objetos o ambientes mediante el uso de productos químicos o métodos físicos.

Distanciamiento físico
Medida de prevención que consiste en mantener una distancia mínima entre personas para reducir el riesgo de transmisión de enfermedades.

Equipo de protección individual (EPI)
Conjunto de elementos y dispositivos destinados a proteger a una persona de riesgos laborales específicos.

Equipo de protección personal (EPP)
Herramientas y accesorios utilizados para proteger al individuo de riesgos físicos, químicos o biológicos.

Gafa protectora
Elemento de protección ocular que resguarda los ojos de impactos, productos químicos o partículas peligrosas.

Gestión de residuos
Acciones para la recolección, tratamiento y disposición final de los desechos de manera segura y sostenible.

Organización de rutas
Planificación y diseño de recorridos eficientes para optimizar desplazamientos y minimizar riesgos durante el transporte o distribución.

Prevención
Acciones y medidas destinadas a evitar riesgos o minimizar sus consecuencias antes de que ocurran.

Protocolo
Normas y procedimientos establecidos para actuar de manera segura y eficiente ante situaciones específicas.

Riesgo
Posibilidad de que ocurra un evento adverso que pueda causar daño o perjuicio.

Salvaguarda
Medida o acción destinada a proteger personas, bienes o procesos frente a posibles riesgos o amenazas.

Transmisión de enfermedades
Proceso mediante el cual un agente patógeno se propaga de un individuo a otro, causando infección o enfermedad.

Vulnerabilidad
Grado de susceptibilidad o exposición a sufrir daños ante determinados riesgos o amenazas.

Bibliografía

Monografías

→ PEREA Quesada, R.: *Promoción y educación para la salud: Tendencias innovadoras*. Madrid: Ediciones Díaz de Santos, 2009.

> Este libro ofrece una visión actualizada de las estrategias y métodos en promoción y educación para la salud, con un enfoque en tendencias innovadoras aplicables en diversos contextos, incluyendo el educativo.

→ PEREA Quesada, R.: *Educación para la salud y calidad de vida*. Madrid: Ediciones Díaz de Santos, 2011.

> En esta obra se profundiza en la relación entre la educación para la salud y la mejora de la calidad de vida, proporcionando herramientas y conocimientos útiles para su aplicación en entornos educativos.

Textos electrónicos

→ Consejería de Educación y Ciencia de la Junta de Andalucía: Manual de seguridad en los centros educativos, de: <https://www.agenciaandaluzaeducacion.es/sites/default/files/2020-01/manual_de_seguridad.pdf>.

> Manual que pretende contribuir a hacer más seguros los centros educativos, a través de la consideración de las diversas acciones correctoras en diferentes ámbitos y medidas de prevención de riesgos y salud.

→ Ministerio de Educación y Formación Profesional: Guía de seguridad y salud en centros educativos. Gobierno de España, de: <https://prevencionriesgoslaboralescev.es/wp-content/uploads/2024/09/Guia-seguridad-y-salud-centros-educativos-LI-231-ES-2021-01.pdf>.

> Guía que hace referencia a los riesgos que puede encontrar el profesorado, entre los que destacaría el riesgo ergonómico y el riesgo de carga física, mental y emocional, así como del resto del personal que puede trabajar en un centro docente, dándose a conocer las medidas y recomendaciones para hacerles frente y poder trabajar de forma segura.

→ Medidas de prevención, higiene y promoción de la salud frente a COVID-19 en los centros educativos, de: <https://www.sanidad.gob.es/profesionales/saludPublica/ccayes/ alertasActual/nCov/documentos/Medidas_centros_educativos_ Curso_2021_2022.pdf>.

> Documento basado en las medidas de prevención, higiene y promoción de la salud frente a COVID-19 para centros educativos en el curso 2021-20223, que fueron aprobadas por la Comisión de Salud Pública del Consejo Interterritorial del Sistema Nacional de Salud, en coordinación con el Ministerio de Educación.